中國經典大智慧 ①

生活禮儀篇

新雅文化事業有限公司
www.sunya.com.hk

中國經典大智慧①

生活禮儀篇

責任編輯：潘曉華
美術設計：陳雅琳
出　　版：新雅文化事業有限公司
　　　　　香港英皇道 499 號北角工業大廈 18 樓
　　　　　電話：（852）2138 7998
　　　　　傳真：（852）2597 4003
　　　　　網址：http://www.sunya.com.hk
　　　　　電郵：marketing@sunya.com.hk
發　　行：香港聯合書刊物流有限公司
　　　　　香港新界大埔汀麗路 36 號中華商務印刷大廈 3 字樓
　　　　　電話：（852）2150 2100
　　　　　傳真：（852）2407 3062
　　　　　電郵：info@suplogistics.com.hk
印　　刷：中華商務彩色印刷有限公司
　　　　　香港新界大埔汀麗路 36 號
版　　次：二〇一七年四月初版

ISBN：978-962-08-6767-5

前言

　　《論語》、《孝經》、《三字經》、《弟子規》、《禮記》等都是中國經典，蘊含了古人的大智慧：「父母教，須敬聽」，告訴子女如何對父母盡孝；「敏而好學，不恥下問」，勸勉人們要虛心向人請教；「非禮勿視，非禮勿聽」，勸戒人們恪守禮義之道，不可胡作妄為。

　　這些名句承載的德育教訓是做人的基本原則，古今中外皆合用，而讓孩子自小閱讀中國經典中的名句，也可為他們日後學習古文打好基礎。

　　《中國經典大智慧》系列共分三冊，精選了五十個中國經典中的名句，培養孩子的個人品德和待人處世的大智慧。每個名句除了附釋義外，還設有三個欄目：「靜思細想」提供思考問題讓孩子自我反省；「活學活用」讓孩子把學習所得運用到日常生活裏面；而「品德故事」則讓孩子以故事中的人物行為作為榜樣或引以為鑒。

　　現在就讓孩子翻開本書，學習裏面的大智慧吧！

1. 衣着禮儀：冠必正，紐必結

冠必正，紐必結；
襪與履，俱緊切。

——《弟子規》

釋義 出門時，帽子要戴得端正，紐扣要扣好。襪子和鞋子要穿得整齊妥當，鞋帶應繫緊。

靜思細想

1 你是否自己把衣服穿好？

2 你的襪子穿得服帖嗎？有沒有把鞋帶繫緊？

3 你出門前有沒有檢查自己的衣着是否整齊？

活學活用

1 衣服要穿着整齊，不披衣散扣。

2 因應不同場合，穿着合適的衣褲和鞋襪，例如做運動時應穿運動衣服和運動鞋。

3 做事要小心，不要弄髒衣服。

4 勤洗澡，勤洗頭，保持儀容整潔。

愛因斯坦的故事

愛因斯坦是著名的科學家，也是現代物理學的開創者。他一心從事科學研究，平日不講求衣着華美，只要穿着舒適就好。

在他還未成名時，有一次在紐約的街上碰見了一個朋友。朋友問：「你怎麼穿得這麼樸素啊？」愛因斯坦笑着說：「沒關係，反正這裏沒人認識我。」

多年以後，愛因斯坦成了著名的科學家。有一天，他在紐約的街上又碰見了那個朋友。朋友打量了愛因斯坦一番，驚訝地問：「你怎麼還是穿得這麼樸素？」愛因斯坦依然笑着回答：「沒關係，反正這裏的人都認識我。」

着裝的實驗

　　曾有一名學者做過這樣的實驗：他以不同的儀表裝扮來到同一個地點，發現遇到的人和事都截然不同。

　　當他穿着西裝，以紳士的形象出現時，無論是向他問路還是向他打聽事情的陌生人都顯得彬彬有禮，就像他一樣顯得有教養。

　　但當他裝扮成一個流浪漢的模樣時，找他搭訕的幾乎都是無業遊民，而且行為舉止也比較粗魯。

　　由此可見，在與人交往時，儀表對一個人的際遇有很大的影響。

2. 體姿禮儀：遊毋倨，立毋跛

遊毋倨*，立毋跛。

——《禮記·曲禮上》

釋義

走路的時候身體不要晃來晃去，因為這樣顯得很傲慢無禮；
站立時不要將重心放在一隻腳上，站得像跛腳的人一樣。

*倨，粵音句。

靜思細想

1 走路時，你的身體有沒有左搖右擺？

2 站立時，你站直了嗎？有沒有彎腰曲背？

3 上下樓梯時，你有沒有遵守指示靠右邊或左邊走？

📖 活學活用

1 行走時眼望前方，留意路面情況，不和別人勾肩搭背。

2 站立時做到頭正、身直、手放下。

3 乘搭扶手電梯時要緊握扶手，靠右站好。

4 在公共場所不亂跑，以免撞倒別人。

生活禮儀

孟子休妻

孟子是戰國時期的思想家、政治家和教育家，也是儒家重要的代表人物，他待人處事都很注重禮儀。

有一次，孟子的妻子在房間裏休息。因為房內只有她一個人，所以她便無所顧忌地伸長雙腿坐着。

這時，孟子推門進來，看見妻子坐姿不雅，感到非常生氣，更打算休妻。

原來中國古代對「坐」的禮儀非常講究。在中國還沒有椅子出現前，人們便坐在地上。坐下時，雙膝併攏跪下，把臀部擱在腳跟上，上身要保持挺直，雙手放於膝上。這種坐姿稱為「跪坐」，跟現今日本人跪坐的姿態一樣。

至於孟子的妻子把雙腿伸長坐着，古人把這種坐姿稱為「箕踞」。箕踞而坐是非常不禮貌的，即使在家人面前也不能這樣。

孟子就是因為妻子這種不禮貌的行為而打算休妻，最後因孟母勸阻才打消念頭。

3. 就寢禮儀：食不語，寢不言

食不語，寢不言。

——《論語·鄉黨》

 釋義

吃飯的時候不說話，睡覺前保持心境平靜，不與人高談闊論。

靜思細想

1. 你有沒有一邊進食，一邊說話？

2. 你是否做到安靜就寢、早睡早起？

3. 你起牀後有沒有把被子疊好？牀單有沒有鋪平整？

活學活用

1. 吃東西時閉上嘴巴細嚼慢嚥，不要發出聲響。

2. 嘴巴含着食物時不要說話，待吞下食物後才說話。

3. 避免在別人吃飯、睡覺時打擾對方。

劉備三顧茅廬

　　劉備是漢朝皇族的後代，在他出世時，天下已經大亂。劉備一心希望重振漢室，需要招攬人才，又聽說隱居在襄陽的諸葛亮極有才華，便想請他做自己的軍師。

　　為了表示對諸葛亮的尊敬，劉備親自去拜訪諸葛亮，但不巧兩次他都不在家。

　　當劉備第三次來找諸葛亮時，諸葛亮正在午睡。劉備不願打擾他，便一直站在屋門外等候諸葛亮醒來。

　　劉備的誠意終於打動了諸葛亮。在諸葛亮的幫助下，劉備最終與北方的曹操和東方的孫權互相抗衡，形成三分天下的局勢。

4. 擺放禮儀：几案潔，筆硯正

几案潔，筆硯正。

——《弟子規》

釋義 書桌要保持整潔，毛筆和硯台等文具要擺放端正。

靜思細想

1. 你的書桌乾淨嗎？

2. 你使用完的文具都收拾好了嗎？

3. 你有沒有把閱讀完的書本放回原位？

活學活用

1. 經常保持書桌整潔，學習和工作可以更有效率。

2. 培養把生活用品擺放整齊的好習慣，做事有條理。

3. 學習做家務，保持家居清潔和整齊，對自己和家人的身體和心情都有好的影響。

面試的故事

　　小豪大學畢業後，初次去一間大公司面試，心情十分緊張。

　　那天去面試的人很多，但最後被取錄的只有小豪一人，令他十分驚訝。

　　小豪上班後，終於按捺不住好奇心，問部門主管自己被選上的理由。部門主管笑着解釋，原來在面試後，只有小豪主動把自己的椅子放回原位，而其他人卻一走了之。

　　雖説將椅子放回原位是一件小事情，但其實從一個小小的舉動中，就能看出一個人的素質。那間大公司就是看中小豪的個人品德修養而聘請他的。

守禮的朱熹

朱熹是南宋著名的儒學大師，為人端莊穩重，言行舉止都嚴格遵守禮儀。

每天天還未亮，朱熹就起牀前往家廟，在祖先的牌位前行跪拜之禮，然後才到書房工作。

在朱熹的書桌上，所有物品都擺放整齊，方便他處理工作。

當他工作疲倦想休息一下，就閉上眼睛端端正正地坐着；完成工作要離開時，就腳步整齊地慢慢走。

從少年時期一直到老，朱熹對自己的言行舉止從來沒有鬆懈過。

5. 出入禮儀：出必告，反必面

夫為人子者，
出必告，反必面。

——《禮記·曲禮上》

釋義

子女外出時，必須告訴父母自己要到哪裏去。回家後，也要當面告訴父母自己已經回來，讓父母安心。

21

靜思細想

1. 外出前，你有沒有向家人說清楚自己要去哪裏？

2. 回家後，你有沒有向家人打招呼，讓他們知道你已回到家？

3. 如你在課堂上或進行團體活動期間有事要離開，你有沒有跟老師說清楚原因？

活學活用

1. 如因事而晚回家，應提前或儘快告訴父母，還要告訴他們原因、和什麼人在一起，以及何時回家，以免他們掛心。

2. 回家後，應告訴父母自己已回家。

3. 多跟父母溝通，讓彼此更了解對方的想法，相處便會更和諧。

文王問安

周文王姓姬，名昌，是周朝一位賢明的君主，也是天下聞名的大孝子。

在家時，他每天要去見父親三次。早上穿好衣服以後，就到父親的房門外問安，聽到裏面應一聲身體安好，才放心退下來。正午時候，他再去問安，到了晚上也是這樣做。

有時候，父親身體有些不舒服，吃不下飯，文王便十分憂愁。待父親身體康復了，文王才放下心來。

6. 見面禮儀：路遇長，疾趨揖

路遇長，疾趨揖*；
長無言，退恭立。

——《弟子規》

釋義 路上遇到長輩，要趕快走上前去行禮請安；長輩沒說話，就退到一旁恭敬地站着。

*揖，粵音泣。

24

靜思細想

1 你會主動向長輩問好嗎？

2 你在路上遇到長輩時會主動避讓，並讓他們先行嗎？

3 當他人主動給你讓路時，你表達謝意了嗎？

活學活用

1 課堂上，當班長說：「起立，敬禮」時，就要迅速起立，向老師鞠躬行禮。

2 遇見長輩或朋友時，可以向他們微笑問好。

3 任何時候見到長輩或朋友，都要以禮相待。

老師好！

以尊重換尊重

南北朝時期的齊國，有一個官員名叫陸曉慧。他雖然身居高位，但為人毫無架子，哪個官員來找他，他都以禮相待。

如果客人離開，陸曉慧就親自將對方送到門外。陸曉慧的侍從看到了，就問：「大人這樣做會有失身分，何必如此呢？」陸曉慧說：「我想讓所有人都尊重我，我就必須先尊重所有人。」

陸曉慧一生都奉行這個原則，所以得到了很多人的尊重和支持。

懂禮貌的小洛

　　小洛是一名好學生，學習很用功，對老師也十分尊重。

　　有一次，小洛在學校圖書館溫習後，剛剛站起來準備離開時，看見老師正朝自己的方向走來。小洛看到老師，馬上對老師鞠躬行禮。

　　可是，當時老師沒有看到小洛，而是在一個書架前停了下來找圖書，於是小洛就一直躬身站着，直到老師看到他才站直身體。

　　老師知道後，便稱讚他說：「小洛真是一個懂禮貌的好學生啊！」

7. 說話禮儀：不失口於人

子曰：「君子不失足於人，不失色於人，不失口於人。」

——《禮記·表記》

釋義

孔子說：「君子在他人面前舉止得體，儀表端莊，言辭謹慎。」

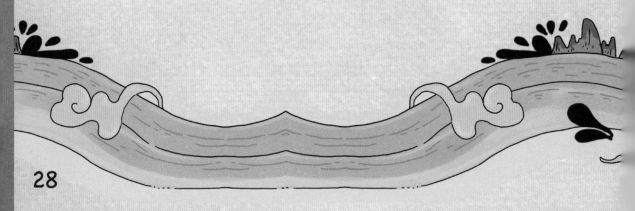

靜思細想

1. 你的舉止行為是否符合禮儀？
   有沒有做粗魯的行為？

2. 和同學意見不合時，你說話的音量是否提高了？你
   說的話會否在無意中傷害到別人？

3. 同學遇上困難時，你會盡力幫助他們，還是趁機挖
   苦他們？

📖 活學活用

1. 經常使用「請」、「您好」、「謝謝」、「對不起」、
   「不用客氣」等禮貌用語。

2. 說話音量要適中，不要太大聲，以免騷擾到其他人；
   也不要太小聲，令人聽得很吃力。

3. 要專心聽別人說話，不輕易打斷別人的話。

4. 不給同學取綽號，不嘲笑同學。

不守禮的教訓

春秋時期，齊國國君齊頃公接見晉、魯、衛和曹國這四個國家的使臣，他們有的是獨眼，有的是跛腳，有的是禿頭，有的是駝背，齊頃公看了不禁暗自發笑。

當晚，齊頃公把此事當作笑話說給母親蕭夫人聽。蕭夫人覺得有趣極了，執意要親自看看他們。正好第二天是齊頃公設宴招待各國使臣的日子，他便答應讓蕭夫人躲在帷帳後面觀看。

第二天，當蕭夫人掀開帷帳向外望，一看到四國使臣的樣子便忍不住大笑起來，她的隨從也笑得前俯後仰。

四國使臣得知這是齊頃公的安排後十分憤怒，更不辭而別，使臣們還約定各自回國請兵攻打齊國，血洗在這裏所受的恥辱。

　　四年後，晉、魯、衞、曹四國聯合起來討伐齊國，齊國大敗，齊頃公只得向四國求和。這便是齊國國君因不守禮而引起的禍事。

蘇東坡改詩

傳說，北宋文學家蘇東坡有一次看見王安石寫的半首詩：「西風昨晚過園林，吹落黃花滿地金。」

蘇東坡心想：「菊花不畏寒風，怎會被西風一吹，花瓣便四處飄落？」於是他揮筆續詩：「秋花不比春花落，說與詩人仔細吟。」寫完便拂袖而去。

不久，蘇東坡與好友到花園賞菊，發現前幾天颳大風，把園中十幾株黃色菊花的花瓣都吹落了，猶如滿地鋪金，蘇東坡這才後悔自己自恃聰明，誤會王安石了。

8. 做客禮儀：將入戶，視必下

將入戶，視必下。

——《禮記·曲禮上》

釋義 客人進入主人的屋子後，眼睛要望向地下，不要東張西望，以免犯了主人的忌諱，或被人疑心窺探主人的私隱。

33

靜思細想

1. 你去別人家做客前，有沒有想過要準備什麼禮物？

2. 你到了別人家中後，有沒有守規矩做個好客人呢？

活學活用

1. 出門到別人家裏做客前，要整理儀容，穿戴整齊，並準時到達約會地點。

2. 到了別人家裏，應先向主人問好，主人問話時要清楚回答，舉止要大方得體。

3. 主人向你遞上水果、茶水或送贈禮物時，要起身用雙手接過來，並表示謝意。

4. 在別人的地方不能到處亂跑、亂翻東西，更不要損壞別人的物品。

5. 離開時要向主人告別，並感謝主人的招待。

做個好客人

蔡先生接受朋友陳先生的邀請，帶着年幼的兒子小智到朋友家吃飯。吃飯時，小智還算有禮貌，守規矩。但吃完飯後，他就嘟囔着想要回家。蔡先生連忙安慰小智，又把帶來的書給他看。於是小智便乖乖地看書，讓大人們繼續聊天。

晚飯後，蔡先生帶着小智準備離開了。小智主動向陳先生說再見。陳先生誇讚他說：「小智真是一個懂事有禮的好孩子！」

交往禮儀

有朋自遠方來，
不亦樂乎？

——《論語·學而》

釋義

有志同道合的朋友從遠方而來，難道不是一件令人愉快的事情嗎？

靜思細想

1 當你做客人時，你期待別人怎樣接待你？

2 長輩或朋友到你家做客人時，你會怎樣接待他們？

3 你有什麼地方可以做得更好，讓客人有賓至如歸的感覺？

活學活用

1 客人來訪前，幫忙打掃家居。

2 換上整齊的衣服，等候客人來臨。

3 客人來到時，親切友善地向對方打招呼。

4 以雙手為客人遞上茶水。

5 熱情招呼客人，讓客人感到賓至如歸。

豐子愷教子

豐子愷很重視對子女的教育，常常從生活中的小事着手，以小見大。

每逢有客人來臨，豐子愷總是耐心地對孩子們說：「客人來了，要主動給客人倒茶，而且要雙手奉上，不能用一隻手，因為這是非常不恭敬的。」他還說：「要是客人送禮物給你們，你們就要躬身雙手去接。躬身，表示謝意；雙手，表示敬意。」這些教導，都深深地印在孩子們的心裏。

懂禮貌的張華

張華放學回家，聽到電話鈴響了，便拿起話筒說：「您好，請問您找誰？」原來是元叔叔打電話來找爸爸。張華說：「爸爸今晚七時回來，請您到時候再和爸爸聯繫吧！」

晚上，爸爸回家後不久，元叔叔也來了，還給張華帶來了禮物。張華雙手接過禮物，說：「謝謝元叔叔！」元叔叔要走了，張華和爸爸一起把他送到門口，並說：「元叔叔再見。」元叔叔微笑說：「你真是一個有禮貌的好孩子。」

道謝禮儀：禮者，人道之極也

禮者，人道之極也。

——《荀子·禮論》

釋義

守禮是非常重要的，禮是做人的規範。

靜思細想

1 別人幫助你時，你有沒有說「謝謝」？

2 別人把東西交給你時，你有沒有雙手接過？

3 觀看演出後，你有沒有送上熱烈的掌聲？

活學活用

1 感謝別人時，雙眼應望着對方的眼睛，並微笑說「謝謝」，讓人感受到你的誠意。

2 如果未能向別人當面道謝，可以用電話或書信表示自己的謝意。

3 當你的演講或表演結束後，在適當的時間對觀眾鞠躬致謝。

敬禮娃娃

　　敬禮娃娃是指一個名叫郎崢的小男孩。2008 年 5 月，中國四川省發生大地震，郎崢正是被軍人們從廢墟裏拯救出來的幸運兒。

　　當三歲的小郎崢被救出來時，他躺在臨時擔架上，用他稚嫩的右手向抬着他的軍人敬禮致謝。住院期間，郎崢曾説：「我長大後要當軍人，幫忙救人。」

　　小郎崢在面對災難時不忘對救助他的人表示謝意，他的敬禮之舉讓人留下深刻印象。

孔子的守禮方法

孔子的弟子顏回向孔子請教，如何才能達到「仁」的境界。

孔子回答說：「努力約束自己，使自己的行為符合禮的要求。能夠真正做到這一點，就可以達到『仁』的境界了。這目標是要靠自己去努力達成的。」

顏回又問：「那麼具體應當如何去做呢？」

孔子答道：「不符合禮的事，就不要去看，不要去聽，不要去說，不要去做。」

顏回說：「我雖然不夠聰明，但也決心按照老師的話去做。」

11. 集會禮儀：站如松，坐如鐘

站如松，坐如鐘。

—— 中國諺語

釋義

站着時，要像松樹那樣挺拔直立；坐着時，要像座鐘那樣端正。

靜思細想

1. 集會時，你是否站得直、坐得正？

2. 集會期間，你有沒有和身邊的同學交頭接耳？

3. 集會結束後，你有沒有遵守秩序，跟着自己的隊伍慢慢離開？

活學活用

1. 準時參加集會，不要遲到。

2. 排隊要安靜、迅速，隊形要整齊。

3. 集會期間專心聽講者說話，不和同學竊竊私語。

4. 遇到問題時，應舉手請老師幫忙，不要擅自離開集會場地或隨意走動。

5. 離開集會場地時要安靜和守秩序。

公眾禮儀

劉銘傳的故事

清朝時，劉銘傳獲朝廷委任為台灣巡撫，台灣的第一條鐵路便是他主持修建的。後來，他又在台北創立了第一間新式學堂「西學堂」，還有電報局、郵政局等，可説是建設台灣的大功臣，所以有「台灣現代化之父」的稱譽。

劉銘傳獲朝廷任用前，有一則發人深省的小故事：當年，李鴻章向曾國藩推薦了三個當台灣巡撫的人選，其中一人就是劉銘傳。曾國藩為了測試他們的修養，便約他們在某個時間到曾府見面。

到了約定的時間，曾國藩故意不露面，讓三人在客廳等候，暗中仔細觀察他們的舉動和態度。

只見其中兩人都很不耐煩，不停地抱怨，而劉銘傳則一直心平氣和地欣賞牆上的字畫。

　　後來曾國藩出來跟他們會面，並考問他們客廳中的字畫，只有劉銘傳一人答得出來，於是劉銘傳便獲推薦為台灣巡撫了。

12. 用餐禮儀：對飲食，勿揀擇

對飲食，勿揀擇；
食適可，勿過則。

——《弟子規》

釋
義

對於食物，不要挑三揀四；吃東西要適可而止，不要過量。

靜思細想

1 看到喜歡的食物，你會不會吃個不停？

2 你會挑食嗎？你不喜歡吃哪些食物？

3 吃飯時，你會讓長輩先就座嗎？

4 吃飯後，你會主動收拾碗筷嗎？

活學活用

1 與長輩或客人一起吃飯時，應禮貌地請對方先動筷子，才到自己動筷子。

2 吃飯要專心，不能邊吃邊玩。

3 不要在菜餚裏上下亂翻。

4 進食有骨的食物後，把骨頭放在自己的碗碟旁邊或放在事先準備好的紙巾上。

司馬光教子節儉

司馬光是北宋時期的大臣，也是著名的史學家。

司馬光為了使兒子司馬康認識儉樸的重要，便給他寫了一篇論儉約的文章，名為《訓儉示康》。

在該篇文章中，司馬光告誡兒子：「侈則多欲。君子多欲則貪慕富貴，枉道速禍；小人多欲則多求妄用，敗家喪身。」意思是生活奢侈，慾望就會大。如果做官的慾望大，就會貪戀富貴，最終違背正道，甚至招致災禍；如果普通百姓的慾望大，就會胡亂揮霍錢財，最終敗壞家業，甚至送掉生命。

司馬光提醒兒子：讀書要認真，工作要踏實，生活要儉樸。只有具備這些品德，才能修身、齊家，乃至治國、平天下。

在他的教育下，兒子司馬康也以學問廣博、為人廉潔和生活儉樸而揚名後世。

公眾禮儀

13. 乘車禮儀：人有禮則安，無禮則危

人有禮則安，
無禮則危。

——《禮記·曲禮上》

 釋義

如果人人謙恭有禮，社會就會和諧安寧；如果對人粗暴無禮，就難免與人發生爭執，社會就不得安寧。

1. 乘車時，你會爭搶座位嗎？會把手、頭伸出車窗外嗎？

2. 你會在車上追逐打鬧、高聲談話嗎？

3. 遇到有困難的乘客，你有沒有主動幫忙？

活學活用

1. 主動讓座給老人家、孕婦、殘疾人士和其他有需要的人。

2. 保持車廂清潔，不要破壞公物。

3. 乘車時保持安靜，在座位上坐好。如果座位上有安全帶，應馬上繫好。

4. 人多擁擠時，應盡量走入車廂中間，讓更多乘客可以上車。

公眾禮儀

53

小玉讓座

　　小玉很喜歡幫助別人。有一次，她跟家人一起乘長途火車時，看見一個老爺爺背着一個大袋，拿着車票找自己的座位。小玉不但主動幫他找到座位，還把那個大袋放到座位上方的行李架上。

　　不久，小玉看見一個抱着小孩的太太正倚在車座旁，便問：「太太，您的座位在哪兒呢？」太太無奈地説：「我買不到座位，只買了站票。」小玉聽見了，毫不猶疑就把自己的座位讓給那位太太了。

敬老的張良

漢朝的張良十分敬老尊賢。

有一天，張良路過一座橋，橋頭坐着一個老人。老人看見張良，便故意把鞋子甩到橋下叫他去撿。張良十分驚訝，但見對方是老人家，也就不計較。他不但到橋下撿鞋，還替老人穿上了鞋子。

之後，老人又多次考驗張良的品德修養，張良也一一通過。老人十分滿意，於是送他一本奇書——《太公兵法》。

後來，張良憑着從書上學來的謀略，做了劉邦的軍師，成為漢朝三大開國功臣之一。

非禮勿視，非禮勿聽，
非禮勿言，非禮勿動。

——《論語·顏淵》

釋義

不合禮的事情不要看，不合禮的聲音不要聽，不合禮的話語不能講，不合禮的事情不能做。

靜思細想

1. 外出遊玩時，你會亂扔垃圾嗎？

2. 你有沒有踩踏草地、隨意摘取花朵和果實？

3. 你會在文物古跡上塗鴉嗎？

活學活用

1. 外出旅遊時，自備垃圾袋棄置垃圾，看見垃圾箱時才把垃圾袋丟棄。

2. 愛護公物，不要把它弄髒或在上面塗鴉。

3. 在人多的景點，拍照後應迅速離開，讓給其他遊客拍照。

4. 到外地旅遊時，應尊重當地的風俗習慣，多些了解不同習俗背後的意義，不要隨意批評。

公眾禮儀

第一次去西餐廳

六歲的青青第一次到外國，表姐帶她到西餐廳吃飯，令青青十分興奮。

表姐和青青大致說了吃西餐的禮儀，但青青只想着美食，沒有留心聽表姐的話，結果當美食端上餐桌時，青青看着面前多種不同大小的刀、叉和匙子，實在弄不清應該使用什麼餐具。

表姐好像看透了她的心事，開始慢慢拿起餐具使用，聰明的青青連忙跟着做，用餐禮儀一點兒也沒有出錯。

回家的路上，表姐誇讚青青：「今天你的表現真不錯！」

青青難為情地說：「表姐，對不起，之前我沒有好好聽你的話。要不是照着你的樣

子做，我就要出洋相啦！」

　　表姐説：「餐桌禮儀表現了一個人的修養，當然要注意。各地的風俗不同，餐桌禮儀也會不同。如果你不清楚，可以事先問問別人。」

　　青青點點頭：「謝謝表姐，我記住了！」

15. 升旗禮儀：國無禮則不寧

人無禮則不生，
事無禮則不成，
國無禮則不寧。

——《荀子·修身》

釋義

做人不守禮就不能好好生活，做事不守禮就不能成功，
治國不守禮國家就不能安寧。

靜思細想

1 你知道中國國旗是什麼樣子的嗎？

2 你知道中國的國歌怎樣唱嗎？

3 升降國旗時，你有沒有肅立安靜？

活學活用

1 出席升旗典禮時，衣着要整潔。

2 升降國旗時要肅立安靜；奏起國歌時，如果正在走動也要馬上止步，肅立一旁。

3 不要在升旗台上玩耍，不要擅自解開繫國旗的繩子，更不能隨意將國旗降下。

公眾禮儀

將相和

藺相如是戰國時期趙國的大臣，很有見識和才能，因為在兩次外交風波中捍衛了趙國的尊嚴，使他在朝廷上的地位比將軍廉頗還高。

廉頗很不服氣，屢次挑釁，但藺相如一直忍讓。

藺相如的侍衛問他是不是害怕廉頗，藺相如答：「我連秦王都不怕，怎會怕廉將軍呢？我怕的是，我們兩人鬥起來，對國家的危害就大了。

強大的秦國一直不敢攻打趙國，就是因為有我和廉將軍兩人在這裏。我不計較個人恩怨，處處讓着廉將軍，不給國家添亂，就是為了國家的利益着想啊。」

後來有人把藺相如的話告訴了廉頗，廉頗慚愧萬分，覺得自己對不起藺相如，於是向藺相如負荊請罪。從此兩人消除了隔閡，同心協力保衞趙國，使趙國能在紛亂的戰爭中屹立不倒。